el sol y sus flores

Seix Barral Los Tres Mundos

rupi kaur
el sol
y sus flores

Traducción del inglés por
Elvira Sastre

Obra editada en colaboración con Editorial Planeta – España

Titulo original: *The sun and her flowers*

© 2017, rupi kaur
Publicado Publicado de acuerdo con The Cooke Agency International,
CookeMcDermid Agency e International Editors' Co. La primera edición del
libro se publicó en inglés por Andrews McMeel Publishing y Simon & Schuster

Diseño e ilustración de portada: © rupi kaur
Fotografía de la autora: © Baljit Singh
Traducción: © Elvira Sastre, 2018

Derechos reservados

© 2018, Editorial Planeta Mexicana, S.A. de C.V.
Bajo el sello editorial SEIX BARRAL M.R.
Avenida Presidente Masarik núm. 111, Piso 2
Polanco V Sección, Miguel Hidalgo
C.P. 11560, Ciudad de México
www.planetadelibros.com.mx

Primera edición impresa en España: agosto de 2018
ISBN: 978-84-322-3405-7

Primera edición epub en México: septiembre de 2018
ISBN: 978-607-07-5201-8

Primera edición impresa en México: septiembre de 2018
Quinta reimpresión en México: noviembre de 2020
ISBN: 978-607-07-5198-1

Impreso en los talleres de Impresora Tauro, S.A. de C.V.
Av. Año de Juárez 343, Colonia Granjas San Antonio, Iztapalapa
C.P. 09070, Ciudad de México.
Impreso en México – *Printed in Mexico*

a mis creadores
kamaljit kaur y suchet singh
soy. por ustedes.
espero que nos miren
y piensen
que sus sacrificios valieron la pena

a mis increíbles hermanas y hermano
prabhdeep kaur
kirandeep kaur
saaheb singh
estamos juntos en esto

ustedes definen el amor.

las abejas vinieron por la miel
las flores se reían mientras
se desvestían
para que las tomaran
el sol sonrió

– el segundo nacimiento

marchitarse

el último día de amor
mi corazón se hizo añicos dentro de mi cuerpo

me pasé toda la noche
haciendo conjuros para que volvieras

tomé las últimas flores
que me regalaste
ahora se marchitan en el jarrón
una
a
una
les arranqué los pétalos
y me los comí

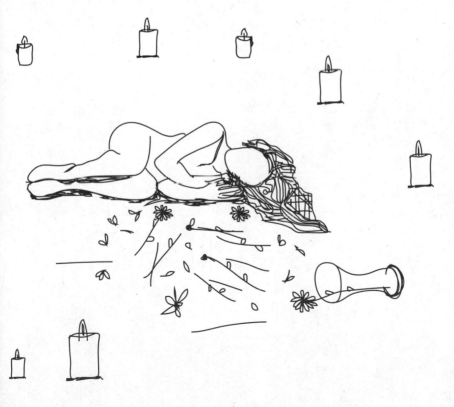

coloqué una toalla a los pies de cada puerta
vete le dije al aire
no me sirves para nada
corrí todas las cortinas de la casa
márchate le dije a la luz
nadie va a entrar
y nadie va a salir

– *cementerio*

te fuiste
y todavía te quería
pero me merecía a alguien
que estuviera dispuesto a quedarse

me paso los días en la cama debilitada por la pérdida
intento llorarte para que vuelvas
pero el agua se ha acabado
y todavía no has regresado
me pellizco el vientre hasta que sangra
he perdido la cuenta de los días
el sol se vuelve luna y
la luna se vuelve sol y
yo me vuelvo un fantasma
una docena de pensamientos distintos
me pasan por la cabeza a cada segundo
debes de estar volviendo
quizá sea mejor que no
estoy bien
no
estoy enojada
sí
te odio
tal vez
no puedo pasar página
lo haré
te perdono
quiero arrancarme el pelo
una y otra y otra vez
hasta que mi mente se quede en silencio

ayer
la lluvia intentó imitar mis manos
deslizándose por tu cuerpo
hice pedazos al cielo por permitirlo

– *celos*

para dormir
tengo que imaginarme tu cuerpo
detrás del mío
haciendo la cucharita
hasta que consigo oírte respirar
tengo que recitar tu nombre
hasta que respondes y
podemos hablar
sólo entonces
mi cabeza puede
rendirse y dormir

– fingir

no es lo que dejamos atrás
lo que me rompe
sino lo que podríamos haber construido
si nos hubiéramos quedado

todavía puedo ver nuestros cascos tirados
en el mismo lugar donde los dejamos
las torres de alta tensión no están seguras de lo que vigilan
las excavadoras buscan nuestro regreso
las tablas de madera rígidas en sus cajas
desean que alguien las clave
pero ninguno de nosotros vuelve
para decirles que se ha acabado
con el tiempo
los ladrillos se cansarán de esperar y se derrumbarán
los cuellos de las grúas bajarán con dolor
las palas se oxidarán
crees que crecerán las flores aquí
cuando tú y yo estemos lejos
construyendo algo nuevo
con otra persona

– la zona de construcción de nuestro futuro

vivo por ese primer momento de la mañana
en el que todavía estoy medio consciente
oigo a los colibríes fuera
coqueteando con las flores
oigo a las flores riéndose
y a las abejas poniéndose celosas
cuando me giro para despertarte
todo comienza de nuevo
el jadeo
el llanto
el golpe
al darme cuenta
de que te has ido

– *las primeras mañanas sin ti*

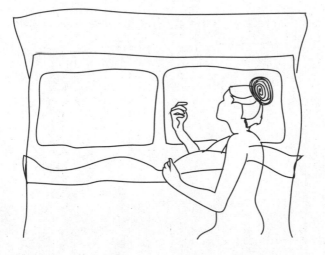

los colibríes me cuentan
que te has cambiado el pelo
les digo que no me importa
mientras los escucho
describir cada detalle

– *hambre*

envidio a los vientos
que aún te observan

podría ser cualquier cosa
del mundo
pero quise ser suya

intenté irme muchas veces pero
nada más huir
mis pulmones se hundieron bajo presión
volvería suplicando aire
puede que por eso te dejara
despellejarme hasta los huesos
algo
era mejor que nada
que me tocaras
aunque no lo hicieras con suavidad
era mejor que no tener tus manos
podía asumir el abuso
no podía asumir la ausencia
sabía que estaba peleando contra algo muerto
pero acaso importaba
que aquello hubiera muerto
si al menos
seguía ahí

– *adicción*

te metes en las mujeres como en los zapatos

amarte era respirar
pero ese aire desapareció
antes de llenar mis pulmones

– *cuando desaparece demasiado pronto*

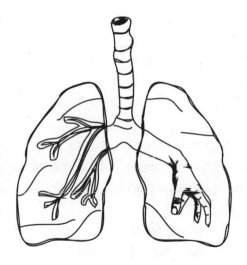

a qué se parece el amor

a qué se parece el amor pregunta la terapeuta
una semana después de la ruptura
y no estoy segura de cómo responder a su pregunta
excepto por el hecho de que pensaba que el amor
se parecía mucho a ti

ahí fue cuando lo entendí
y me di cuenta de lo inocente que había sido
por asociar una idea tan bonita a la imagen de una persona
como si cualquier persona de este mundo
pudiera abarcar toda la representación del amor
como si esta emoción por la que tiemblan siete mil
     millones de personas
se pareciera a un chico de uno ochenta
de complexión normal y piel oscura
al que le gusta la pizza fría para desayunar

a qué se parece el amor pregunta de nuevo la terapeuta
esta vez interrumpe mis pensamientos a media frase
y en ese momento estoy a punto de levantarme
y salir por la puerta
pero he pagado demasiado dinero por esta hora
así que en vez de eso la miro fijamente
igual que miras a alguien
cuando estás a punto de entregárselo
con los labios fruncidos listos para empezar una conversación
los ojos que indagan en los suyos
buscando todos los puntos débiles

que tienen escondidos en algún sitio
el pelo detrás de la oreja
como si hubiera que prepararse físicamente para una
    conversación
sobre la filosofía o más bien las decepciones
de lo que parece el amor

bueno le digo
ya no creo que el amor sea él
si el amor fuera él
estaría aquí
si fuera el elegido
sería él quien estaría sentado frente a mí
si el amor fuera él habría sido sencillo
ya no creo que el amor sea él repito
creo que el amor nunca fue
creo que sólo quería algo
estaba dispuesta a darme a algo
que creía que era más grande que yo misma
y cuando vi a alguien
que quizá pudiera representar el papel
pusc todo de mi parte
para convertirlo en mi semejante

y me perdí en él
tomó y tomó de mí
me envolvió en la palabra *especial*
hasta convencerme de que sólo tenía ojos para mí
sólo tenía manos para sentirme
sólo tenía un cuerpo para estar conmigo
ah cómo me vació

cómo te hace sentir eso
me interrumpe la terapeuta
bueno le dije
me hace sentir como una mierda

puede que estemos todos enfocándolo mal
creemos que es algo que se busca ahí fuera
algo destinado a chocar contra nosotros
de camino al ascensor
o a deslizarse por nuestra silla en una cafetería cualquiera
o a aparecer al final del pasillo de una librería
igual de sexy que intelectual
pero creo que el amor empieza *aquí*
todo lo demás es puro deseo y proyección
de todas nuestras necesidades y fantasías
pero esos elementos externos nunca podrían funcionar
si no nos miramos por dentro y aprendemos
a querernos a nosotros mismos para poder querer a los
        demás

el amor no se parece a una persona
el amor son nuestros actos
el amor es dar todo lo que podemos
aunque sólo sea el trozo más grande de un pastel
el amor es comprender
que tenemos el poder de hacernos daño
pero que vamos a hacer todo lo que esté en nuestras manos
para asegurarnos de que no nos lo hacemos
el amor es imaginar toda la dulzura y el cariño que
        merecemos
y cuando alguien aparece

y dice que nos lo dará igual que nosotros
pero sus actos nos rompen
más que construirnos
el amor es saber a quién elegir

no puedes
entrar y salir de mí
como una puerta giratoria
hay demasiados milagros
que ocurren dentro de mí
como para ser la opción que te conviene

– *no soy tu pasatiempo*

te llevaste el sol contigo
cuando te fuiste

mantuve mi compromiso
mucho tiempo después de que te fueras
no podía ni levantar la vista
para encontrar los ojos de otra persona
mirar era como una traición
qué excusa pondría
cuando volvieras
y me preguntaras dónde habían estado mis manos

– leal

cuando me clavaste el cuchillo
tú también empezaste a sangrar
mi herida se convirtió en tu herida
no lo sabías
el amor es un arma de doble filo
sufrirás del mismo modo que me haces sufrir a mí

creo que mi cuerpo sabía que no te quedarías

te echo
de menos
pero tú echas de menos
a otra persona
rechazo a quien
me quiere
porque quiero a otro

– *la condición humana*

me pregunto si soy
lo suficientemente guapa para ti
o si simplemente soy guapa
me cambio de ropa
cinco veces antes de verte
me pregunto qué jeans
te darán más ganas de quitarme
dime
hay algo que pueda hacer
que te haga pensar
ella
es tan impresionante
hace que mi cuerpo olvide mis rodillas
lo escribo en una carta y se la envío
a todas las partes inseguras de mí
sólo tu voz me hace llorar
tu voz diciéndome que soy preciosa
tu voz diciéndome que soy suficiente

estás en todas partes
menos aquí
y duele

enséñame una foto
quiero ver la cara de la mujer
que te hizo olvidar a la que tenías en casa
qué día era y
qué excusa me diste
solía dar gracias al universo
por haberte traído a mí
entraste en ella al mismo tiempo
que le pedía al todopoderoso
que te concediera todo lo que quisieras
lo encontraste en ella
saliste arrastrándote de ella
con lo que no encontraste en mí

qué te atrae de ella
dime lo que te gusta
para que pueda practicar

tu ausencia es un miembro amputado

preguntas

hay una lista de preguntas
que quiero hacerte pero nunca lo haré
hay una lista de preguntas
que se me pasan por la cabeza
cada vez que estoy sola
y mi mente no puede parar de buscarte
hay una lista de preguntas que quiero hacerte
así que si me estás escuchando desde algún lugar
aquí las tienes

qué crees que le ocurre
al amor que se queda atrás
cuando dos amantes se marchan
cómo de triste crees que se pone
antes de morir
muere
o sigue existiendo en algún lugar
esperando nuestro regreso
cuando nos mentimos a nosotros mismos
llamándolo incondicional y nos fuimos
a quién de los dos le dolió más
me rompí en un millón de pedacitos
y esos pedazos se rompieron en un millón más
se hicieron polvo hasta
que no quedó nada de mí que no fuese silencio

dime cómo amor
cómo sentiste el duelo
cómo dolió el luto

cómo mantuviste los ojos abiertos después de cada pestañeo
sabiendo que ya nunca estaría ahí para devolverte la mirada

debe de ser duro vivir con los *y si*
debe de estar siempre ahí este dolor sordo y constante
en la boca de tu estómago
confía en mí
yo también lo siento
cómo es posible que llegáramos aquí
cómo vivimos con ello
y cómo seguimos vivos

cuántos meses tardaste
en dejar de pensar en mí
o sigues pensando en mí
porque si lo haces
puede que entonces yo también
esté pensando en ti
pensando en mí
conmigo
en mí
cerca de mí
por todas partes
tú y yo y nosotros

sigues tocándote cuando piensas en mí
sigues imaginando mi cuerpo diminuto completamente desnudo
apretándose contra el tuyo
sigues imaginando la curva de mi columna y
cómo querías arrancármela
porque el modo en el que se sumergía en
mi culo perfecto y redondo

te volvía loco
cariño
corazón
dulce niño
desde que nos fuimos
cuántas veces fingiste
que te acariciaba mi mano
cuántas veces me buscaste en tus fantasías
y terminaste llorando en vez de venirte
no me mientas
sé cuándo me estás mintiendo
porque siempre hay un poco de
arrogancia en tu respuesta

estás enojado conmigo
estás bien
y me lo dirías si no
y si nos volviéramos a ver
crees que te acercarías y me abrazarías
como dijiste que harías
la última vez que hablamos y
hablaste de la próxima vez que nos veríamos
o crees que sólo nos miraríamos
y nos temblaría la piel mientras añoramos
absorber lo máximo que podamos el uno del otro
porque para entonces seguramente tengamos
a alguien ya esperándonos en casa
éramos buenos juntos verdad
y está mal que te haga estas preguntas
dime amor
que tú también has estado
buscando estas respuestas

llamas para decir que me echas de menos
me giro hacia la puerta principal de casa
esperando oírte golpear
días más tarde llamas para decir que me necesitas
pero sigues sin aparecer
en el jardín los dientes de león
ponen los ojos en blanco decepcionados
el césped te ha declarado agua pasada
qué me importa
si me quieres
o si me echas de menos
o si me necesitas
cuando no haces nada al respecto
si no soy el amor de tu vida
seré en cambio la pérdida más grande

hacia dónde vamos ahora amor mío
cuando se ha terminado y me quedo entre nosotros dos
hacia qué lado corro
cuando cada nervio de mi cuerpo late por ti
cuando mi boca se hace agua sólo pensarlo
cuando me atraes hacia ti con sólo quedarte ahí
cómo me doy la vuelta y me elijo a mí

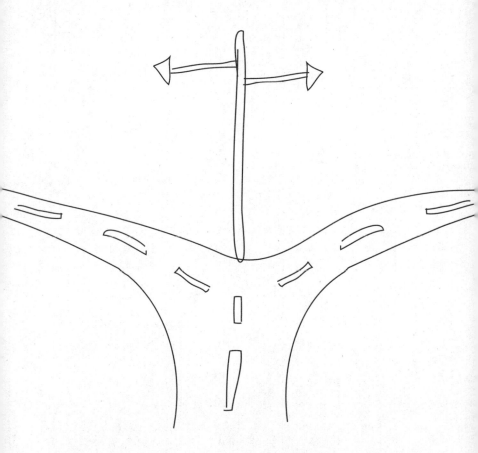

día a día me doy cuenta
de que todo lo que extraño de ti
nunca estuvo ahí

– la persona de la que me enamoré era un espejismo

se van
y hacen como si nunca hubiera sucedido
vuelven
y hacen como si nunca se hubieran ido

– *fantasmas*

intenté encontrarlo
pero no hubo respuesta
al final de la última conversación

– *cierre*

preguntas
si todavía podemos ser amigos
te explico cómo las abejas
no sueñan con besar
la boca de una flor
para luego conformarse con las hojas

– no necesito más amigos

cómo se explica
que cuando termina la historia
empezamos a sentirlo todo

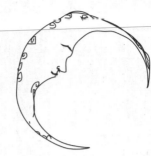

levántate
dijo la luna
y llegó el nuevo día
el espectáculo debe continuar dijo el sol
la vida no se detiene para nadie
te arrastra de las piernas
tanto si quieres seguir adelante como si no
ése es el regalo
la vida te obligará a olvidar lo que los echas de menos
tu piel mudará hasta que no quede
ni una sola parte de tu cuerpo que hayan tocado
tus ojos por fin serán sólo tuyos
y no serán los ojos que los retuvieron
llegarás al final
de lo que es sólo el comienzo
vamos
abre la puerta a todo lo que viene

— *tiempo*

me doy cuenta de todo lo que no tengo
y decido que es precioso

la última pérdida me hizo ser más fuerte. se llevó algo
humano de mí. solía ser tan profundamente sensible que
me venía abajo a petición. pero ahora el agua ha llegado
a la salida. claro que me preocupo por los que están a
mi alrededor. sólo lucho para demostrarlo. un muro se
interpone en el camino. solía soñar con ser tan fuerte
que nada pudiera derrumbarme. ahora. soy. tan fuerte.
que nada me derrumba. y sólo sueño con ablandarme.

– *parálisis*

ayer
cuando me desperté
el sol cayó al suelo y rodó
las flores se cortaron la cabeza
la única con vida aquí soy yo
y yo apenas siento que esté viva

– *la depresión es una sombra que vive dentro de mí*

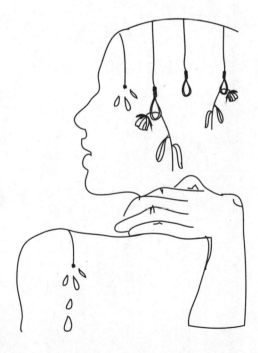

por qué eres tan cruel conmigo
grita mi cuerpo

porque no te pareces a ellos
le digo

esperas a alguien
que no va a volver
lo que significa
que vives tu vida
deseando que alguien se dé cuenta
de que no puede vivir la suya sin ti

– las revelaciones no funcionan así

muchas veces
nos enojamos con otras personas
por no hacer lo que
deberíamos haber hecho nosotros mismos

– *responsabilidad*

por qué
dejaste una puerta
abierta
entre mis piernas
te dio pereza
te olvidaste
o me dejaste sin terminar a propósito

– *conversaciones con dios*

no me dijeron que dolería así
nadie me avisó
del desengaño que sufrimos con los amigos
dónde están los discos pensaba
no había canciones que hablaran sobre ello
no pude encontrar las baladas
o leer los libros dedicados a escribir sobre la angustia
que se apodera de nosotros cuando los amigos se van
ésta es la clase de dolor que
no te golpea como un tsunami
es un cáncer lento
de ese tipo que no aparece durante meses
que no tiene síntomas visibles
es un dolor aquí
una molestia allá
pero manejable
cáncer o tsunami
todo termina igual
un amigo o un amor
una pérdida es una pérdida es una pérdida

– los desengaños infravalorados

oigo mil palabras bonitas sobre mí
y da lo mismo
pero oigo un insulto
y toda la confianza se hace añicos

– *centrarse en lo negativo*

hogar

comenzó como un típico jueves por lo que yo recuerdo
la luz del sol me dio un beso de buenos días en los
    párpados
me acuerdo con exactitud
saltar de la cama
hacer café con el sonido de los niños que jugaban fuera
poner música
cargar el lavavajillas
recuerdo colocar flores en un jarrón
en el centro de la mesa de la cocina
sólo cuando mi casa quedó reluciente
entré en la bañera
me lavé el pelo para quitarle el ayer
me adorné a mí misma
igual que había adornado las paredes de mi casa
con marcos estanterías fotos
me puse un collar en el cuello
me coloqué los aretes
me pinté los labios
me peiné el pelo hacia atrás —un típico jueves

terminamos en un encuentro con amigos
al final preguntaste si necesitaba que me llevaras a casa y
dije *sí* porque nuestros padres trabajaban en la misma
    empresa
y habías ido a cenar a mi casa muchas veces

pero debería haberme dado cuenta
cuando empezaste a confundir

una conversación amable con coqueteo
cuando me dijiste que me dejara el pelo suelto
cuando en vez de llevarme a casa
por el cruce iluminado
por las farolas y la vida —giraste a la izquierda
por la carretera que no llevaba a ningún sitio
te pregunté adónde íbamos
me preguntaste si tenía miedo
mi voz se arrojó desde el borde de la garganta
aterrizó en el fondo de mi estómago y se escondió durante
     meses
todas las distintas partes de mí
apagaron las luces
bajaron las persianas
cerraron las puertas
mientras me escondía detrás de algún
armario del piso de arriba de mi mente
cuando alguien rompió las ventanas —tú
abriste la puerta principal a patadas —te
lo llevaste todo
y después alguien me agarró a mí
—eras tú.

quien se zambulló dentro de mí con un tenedor y un cuchillo
con los ojos brillantes por el hambre
como si no hubieras comido en semanas
yo era cincuenta kilos de carne fresca
tú me despellejaste y me destripaste con los dedos
como si estuvieras vaciando el interior de un melón
mientras llamaba gritando a mi madre
clavaste mis muñecas contra el suelo
convertiste mis pechos en fruta marchita

esta casa ahora está vacía
no hay gas
no hay electricidad
no hay agua corriente
la comida está podrida
estoy cubierta de polvo de la cabeza a los pies
moscas de la fruta. telarañas. bichos.
alguien llama al fontanero
tengo el estómago atascado —llevo vomitando desde
    entonces
llama al electricista
mis ojos no se encienden
llama a los limpiadores para que me laven me cuelguen y
    me sequen

cuando irrumpiste en mi casa
nunca volví a sentirla mía
ni siquiera puedo dejar que entre un amante sin ponerme
    enferma
me quita el sueño después de la primera cita
pierdo el apetito
me vuelvo más hueso y menos piel
me olvido de respirar
cada noche mi dormitorio se transforma en un
    psiquiátrico
donde los ataques de pánico convierten a los hombres
en doctores que me calman
cada amante que me toca —siento que eres tú
sus dedos —tú
bocas —tú
hasta que no son los únicos
que están encima de mí —eres tú

y estoy tan cansada
de hacer las cosas a tu modo
—no está funcionando
he pasado años intentando descubrir
cómo podría haberlo parado
pero el sol no puede parar la tormenta que se avecina
el árbol no puede parar el hacha
no puedo culparme más por tener un agujero
del tamaño de tu hombría en el pecho
es demasiado pesado cargar con tu culpa —la estoy
     dejando ir
me he cansado de decorar este lugar con tu vergüenza
como si me perteneciera
es demasiado caminar por ahí con
lo que han hecho tus manos
si no son las mías las que lo han hecho

la verdad llega a mí de repente —después de años de lluvia
la verdad llega a mí como la luz del sol
a través de una ventana abierta
me ha llevado tiempo llegar aquí
pero el círculo se cierra
hace falta una persona rota que venga a buscar
el sentido entre mis piernas
hace falta una persona completa. entera. perfectamente
diseñada para sobrevivir a ello
hacen falta monstruos que roben almas
y luchadores que las reclamen
este hogar es aquello con lo que llegué al mundo
fue el primer hogar
será el último hogar
no puedes llevártelo

no hay espacio para ti
no hay tapete de bienvenida
no hay habitación de invitados
voy a abrir todas las ventanas
a airearlo
a colocar flores en un jarrón
en el centro de la mesa de la cocina
a encender una vela
a cargar el lavavajillas con todos mis pensamientos
hasta que queden impolutos
a fregar el suelo de la cocina
y después
tengo la intención de meterme en la bañera
lavarme el pelo para quitarle el ayer
cubrirme de oro
escuchar música
relajarme
poner los pies en alto
y disfrutar
de esta típica tarde de jueves

cuando cae la nieve
anhelo la hierba
cuando la hierba crece
piso sobre ella
cuando las hojas cambian de color
suplico flores
cuando las flores se abren
las tomo

– *malagradecida*

cuéntales que fui
el lugar más cálido que conociste
y que me dejaste helada

aquella noche en casa
llené la bañera con agua hirviendo
eché hierbabuena del jardín
dos cucharadas de aceite de almendras
un poco de leche
y miel
una pizca de sal
pétalos de rosa del jardín del vecino
me empapé con esa mezcla
desesperada por quitarme la suciedad
la primera hora
tomé las agujas de pino de mi pelo
las conté una dos tres
las puse en fila boca arriba
la segunda hora
lloré
salió un aullido de mí
quién iba a saber que una chica podía convertirse en bestia
durante la tercera hora
encontré pedazos de él en partes de mí
el sudor no era mío
el blanco entre mis piernas
no era mío
las marcas de mordiscos
no eran mías
el olor
no era mío
la sangre
sí era mía

la cuarta hora recé
era como si me hubieras lanzado
muy lejos de mí
llevo intentando encontrar el camino de vuelta desde
    entonces

reduje mi cuerpo a la estética
olvidé el trabajo que había hecho para mantenerme con
    vida
con cada latido y cada suspiro
lo declaré un gran fracaso por no parecerse a los suyos
busqué por todas partes un milagro
tan tonta como para no darme cuenta
de que ya estaba viviendo en uno

la ironía de la soledad
es que todos la sentimos
al mismo tiempo

– *juntos*

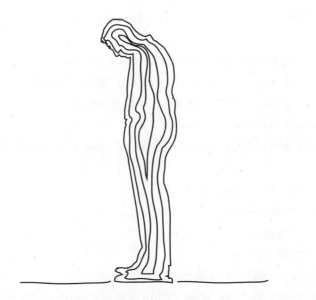

mi juventud fue demasiado pelo
extremidades delgadas cubiertas de terciopelo
era una tradición del barrio
para las otras chicas y para mí
frecuentar salones en sótanos cada semana
dirigidos por mujeres en una casa
que tenían la edad de mi madre
la piel de mi madre
pero no se parecían en nada a mi sencilla madre
tenían la piel morena y
el pelo rubio típico de la piel blanca
manchas como las cebras
rendijas por cejas
yo miraba mis propias orugas con vergüenza
y deseaba que las mías fueran igual de finas

me siento tímidamente en la sala de espera improvisada
deseando que no aparezca por ahí ninguna amiga del colegio
sale un videoclip de bollywood en una pantallita
de televisión en la esquina
a alguien le están depilando las piernas o tiñéndole el pelo

cuando la tita me llama
entro en la habitación
y charlamos
se va un momento
mientras me quito la parte de abajo
dejo caer los pantalones y la ropa interior
me recuesto en la camilla y espero

cuando vuelve me coloca las piernas
como una mariposa abierta
las plantas de los pies juntas
las rodillas señalando en direcciones opuestas
primero la toallita desinfectante
después el gel helado
qué tal las clases y *qué estudias* pregunta
enciende el láser
coloca la cabeza de la máquina en mi pelvis
y así comienza
los folículos capilares por todas partes
mi clítoris ardiendo
en cada pellizco
me retuerzo del dolor
temblando por el sufrimiento

por qué hago esto
por qué castigo a mi cuerpo
por ser exactamente como tiene que ser
me paro a mitad del arrepentimiento
cuando pienso en él y en cómo
me da demasiada vergüenza enseñárselo
a no ser que esté limpio

me muerdo el labio inferior
y le pregunto si ya hemos terminado

– *esteticista de sótano*

81

llevamos muriéndonos
desde que llegamos aquí
y hemos olvidado disfrutar del paisaje

– vivir plenamente

eras mío
y mi vida estaba completa
ya no eres mío
y mi vida
está completa

mis ojos
vuelven espejo
cada superficie brillante por la que pasan
buscando algo bonito que les devuelva la mirada
mis oídos buscan cumplidos y alabanzas
pero no importa lo lejos que vayan en su búsqueda
nada es suficiente para mí
voy a clínicas y a centros comerciales
por pociones de belleza y técnicas nuevas
he probado con el láser
he probado con tratamientos faciales
he probado con cuchillas y con cremas caras
durante un minuto esperanzador me llenan
me hacen brillar de mejilla a mejilla
pero en cuanto me siento guapa
su magia desaparece de repente
dónde se supone que voy a encontrarla
estoy dispuesta a pagar lo que sea
por una belleza que haga que las cabezas volteen
a cada instante día y noche

– una búsqueda sin fin

este sitio me agota
de un modo
que no tiene nada que ver con el sueño
sino con la gente que me rodea

– *introvertida*

no debes de ver nada bueno en ti
si crees que valgo menos
después de haberme tocado
como si tus manos en mi cuerpo
te magnificaran
y a mí me redujeran a nada

– *el valor no es algo que se transmite*

una no se despierta convertida ya en mariposa

– *el crecimiento es un proceso*

estoy pasando por un mal momento
me comparo con otra gente
me hago más pequeña cuando intento ser como ellos
me río de mi cara como mi padre
diciendo que es fea
mato de hambre a esta doble papada prematura antes de
que se derrita sobre mis hombros como la cera de una vela
arreglo las bolsas debajo de mis ojos que revelan la
    violación
marco como favoritas intervenciones quirúrgicas para la
    nariz
hay tantas cosas que necesitan atención
puedes indicarme el camino correcto
quiero quitarme este cuerpo de encima
cuál es el camino de vuelta al útero

como el arcoíris
después de la lluvia
la alegría reaparece
después de la pena

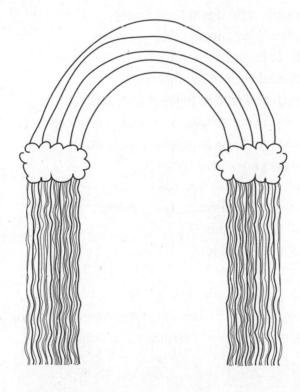

en mi casa *no* era una palabrota
no precedía a los azotes
se borró de nuestro vocabulario
nos la arrancaron a golpes de la espalda
hasta que nos convertimos en niñas bien educadas
que obedientes decíamos *sí* a todo
cuando se puso encima de mí
cada parte de mi cuerpo quiso rechazarlo
pero no pude decir *no* para salvar mi vida
cuando intenté gritar
todo lo que salió de mí fue silencio
oí *no* al golpear con su puño
el cielo de mi boca
suplicándole que lo dejara escapar
pero no había colocado la señal de salida
nunca había construido la escalera de emergencia
no había trampilla para que el *no* asomara
quiero preguntarles a todos
los padres y tutores una cosa
para qué sirvió entonces la obediencia
cuando había manos
que no eran mías dentro de mí

– *cómo puedo verbalizar el consentimiento como un*
  adulto si nunca me enseñaron a hacerlo de niña

a pesar de saber
que no estarán mucho tiempo aquí
siguen escogiendo vivir
de la manera más brillante

– girasoles

cuando la encuentres
dile que no pasa un día
en que no piense en ella
esa chica que cree que eres
todo lo que ha pedido
cuando la empujes contra la pared
y llore
dile que yo también lloro con ella
el ruido del yeso aplastado
con cada golpe de su cabeza
también vive en mis oídos
dile que corra hacia mí
ya he desatornillado
la puerta principal
he abierto todas las ventanas
dentro está corriendo el agua caliente de la bañera
no necesita tu manera de querer
soy la prueba de que saldrá adelante
y encontrará el camino de vuelta a sí misma
si yo pude sobrevivir a ti
ella también podrá

aún hay partes de mi cuerpo que duelen
desde la primera vez que las tocaron

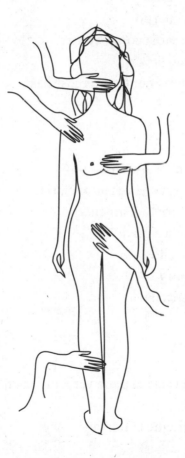

el arte de crecer

me sentí guapa hasta los doce años
cuando mi cuerpo empezó a madurar como la fruta fresca
y de repente
los hombres miraban babeando mis caderas recién nacidas
los chicos no querían jugar atrápame si puedes en el recreo
querían tocar todas las partes nuevas
y extrañas de mi cuerpo
las partes que no sabía cómo vestir
que no sabía cómo llevar
y que intenté enterrar entre mis costillas

tetas
dijeron
y odié esa palabra
odié que diera vergüenza pronunciarla
que aunque se refiriera a mi cuerpo
no me perteneciera a mí
les perteneciera a ellos
y la repitieran como
si meditaran sobre ella
tetas
dijo
déjame verlas
no hay nada que valga la pena ver aquí que no sea culpa y
    vergüenza
intento que me trague la tierra
pero sigo en pie
colgada en sus dedos como garfios
y cuando se lanza a darse un festín con mis medias lunas

le muerdo el antebrazo y decido que *odio este cuerpo*
debo de haber hecho algo terrible para merecerlo

cuando llego a casa le digo a mi madre
los hombres ahí afuera están hambrientos
me dice
que no debo vestirme con los pechos colgando
dijo *a los chicos les entra el hambre si ven la fruta*
dice que debería sentarme con las piernas cerradas
como una mujer
o los hombres se enojarán y pelearán
dijo que puedo evitar todo ese alboroto
si aprendo a comportarme como una señorita
pero el problema es
que ni siquiera tiene sentido
no puedo entender el hecho
de que tengo que convencer a la mitad de la población
de que mi cuerpo no es su cama
estoy ocupada aprendiendo las consecuencias de la
        feminidad
en vez de estar estudiando ciencias o matemáticas
me gustan las acrobacias y la gimnasia así que no me
        puedo imaginar
paseando con los muslos juntos
como si escondieran un secreto
como si aceptar las partes de mi propio cuerpo
provocara pensamientos de lujuria en sus mentes
no me someteré a su ideología
porque culpar a la puta es cultura de la violación
alabar a la virgen es cultura de la violación
no soy un maniquí en el escaparate
de tu tienda favorita

no puedes embellecerme o
tirarme tras usarme
no eres un caníbal
tus actos no son mi responsabilidad
te controlarás a ti mismo

la próxima vez que vaya a clase
y los chicos se burlen de mi culo
los empujaré
pondré el pie sobre sus cuellos
y les diré desafiante
tetas
y su mirada no tendrá precio

cuando el mundo se derrumba ante tus pies
no pasa nada por dejar que otros
te ayuden a recoger los trozos
si estamos aquí para formar parte de tu felicidad
cuando todo va bien
somos más que capaces
de compartir tu dolor

– *comunidad*

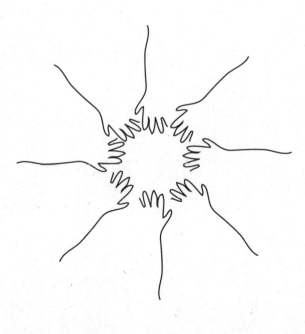

no lloro
porque sea infeliz
lloro porque lo tengo todo
y aun así soy infeliz

deja que se vaya
deja que se marche
deja que pase
de todos modos
nada
de este mundo
se te prometió ni
te pertenece

– todo lo que tienes eres tú misma

pide amor puro y paz
para aquellos
que no te han tratado bien
y sigue adelante

– eso liberará a ambos

sí
es posible
odiar y amar a alguien
al mismo tiempo
lo hago conmigo
cada día

en algún lugar del camino
perdí el amor propio
y me convertí en mi peor enemiga
pensaba que había visto al diablo antes
en los tíos que nos tocaban de niñas
en la mafia que quemó hasta los cimientos de nuestra
    ciudad
pero nunca había visto a alguien tan hambriento
de mi carne como yo
me despellejé sólo para sentirme despierta
me puse la piel del revés
espolvoreé sal en ella para castigarme
la agitación coaguló mis nervios
mi sangre se cuajó
incluso intenté enterrarme viva
pero la tierra reculó
ya estás podrida dijo
no me queda nada que hacer

– *me odio*

la manera en que hablas de ti misma
la manera en que te degradas
y te vuelves pequeña
es abuso

– *me destruyo*

cuando toqué el fondo
que existe después de tocar fondo
y no apareció ni una cuerda ni una mano
me pregunté
y si nada me quiere
porque yo no me quiero

– *soy el veneno y el antídoto*

primero
fui por mis palabras
los *no puedo. no voy. no soy lo suficientemente buena.*
las puse en fila y les pegué un tiro
después fui por mis pensamientos
invisibles y omnipresentes
no había tiempo para juntarlos uno por uno
tenía que lavarlos
me quité un pañuelo de lino del pelo
lo remojé en un cuenco con menta y agua de limón
lo llevé en la boca mientras trepaba
por mi trenza hasta la nuca
de rodillas empecé a limpiarme la mente
me llevó veintiún días
me salieron moretones en las rodillas pero
no me importó
no me dieron aire
para que mis pulmones se asfixiaran
me rascaría la autodestrucción del hueso
hasta que el amor salicra a la luz

– *me quiero*

he sobrevivido demasiadas veces como para irme sin
    hacer ruido
deja que me lleve un meteorito
pide refuerzos al trueno
mi muerte será grandiosa
la tierra se abrirá
el sol se destruirá a sí mismo

– el día que me vaya

quiero pasar la luna de miel conmigo

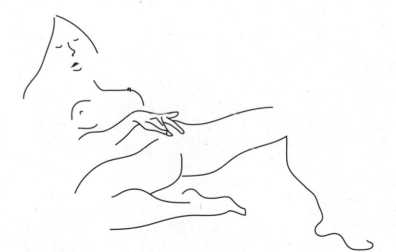

si soy la relación más larga
de mi vida
acaso no es hora de
alimentar la intimidad
y amar
a la persona
con la que me acuesto cada noche

– *aceptación*

qué es más fuerte
que el corazón humano
que se rompe una y otra vez
y aun así sobrevive

me desperté pensando que el trabajo estaba hecho
no tendría que ensayar ese día
qué inocente pensar que curarse es así de fácil
cuando no hay punto final
no hay línea de meta que cruzar
curarse es un trabajo de todos los días

tienes tanto
pero siempre quieres más
deja de buscar todo lo que no tienes
y echa un vistazo a todo lo que haces

– donde habita la satisfacción

puedes imitar una luz como la mía
pero no puedes convertirte en ella

y aquí estás viviendo
a pesar de todo

ésta es la fórmula de la vida
dijo mi madre
al abrazarme mientras yo lloraba
piensa en esas flores que plantas
cada año en el jardín
te enseñarán
que las personas también
deben marchitarse
caer
arraigar
levantarse
para florecer

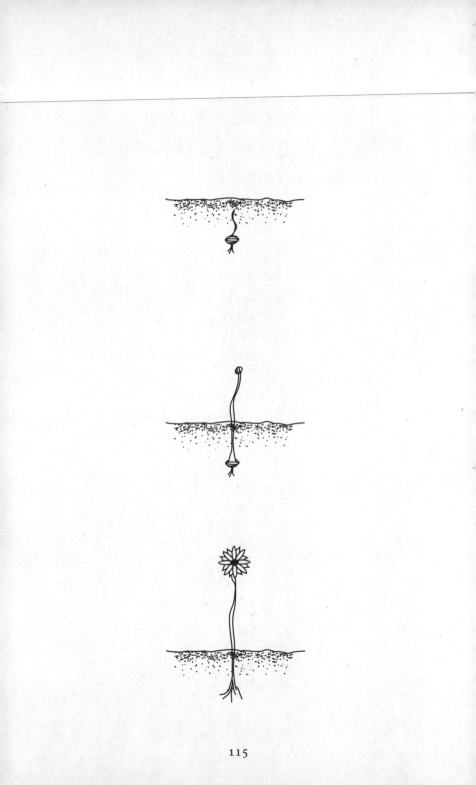

arraigar

no tienen ni idea de lo que significa
perder un hogar a riesgo de
no encontrar nunca uno nuevo
de que toda tu vida
se divida entre dos tierras y
se convierta en el puente entre dos países

– inmigrante

mira lo que han hecho
le gritó la tierra a la luna
me han convertido en un gran hematoma

– *verde y azul*

eres una herida abierta
y estamos parados
en una piscina llena de tu sangre

– *campo de refugiados*

cuando se trataba de escuchar
mi madre me enseñó el silencio
si inundas su voz con la tuya
cómo los vas a oír preguntaba

cuando se trataba de hablar
decía *hazlo con determinación*
cada palabra que digas
es tu propia responsabilidad

cuando se trataba de ser
decía *sé tierna y dura a la vez*
necesitas ser vulnerable para vivir con plenitud
pero también ser fuerte para sobrevivir

cuando se trataba de elegir
me pedía que agradeciera
las elecciones que tenía y que
ella nunca había tenido el privilegio de tomar

– *lecciones de mamá*

para mi madre
no fue fácil dejar su país
todavía la descubro buscándolo
en las películas extranjeras
y en el pasillo de comida internacional

me pregunto dónde lo escondió. su hermano que había
fallecido hacía apenas un año. mientras se sentaba con
un traje de seda roja y dorada el día de su boda. me
cuenta que fue el día más triste de su vida. que no había
pasado todavía el luto. un año no era suficiente. no había
manera de llorar así de rápido. parecía un parpadeo.
un suspiro. antes de haber asimilado la noticia sobre su
pérdida ya habían puesto la decoración. los invitados
habían empezado a pasearse por allí. la cháchara. la
prisa. todo era un reflejo demasiado grande de su
funeral. parecía como si acabaran de llevarse su cuerpo
para la cremación cuando mi padre y su familia
llegaron para la celebración de la boda.

– *amrik singh (1959 - 1990)*

siento que este mundo
no te mantuviera a salvo
que tu viaje a casa
sea dulce y tranquilo

– *descansa en paz*

tus piernas se rinden como un caballo cansado que corre
    para salvarse
arrástralas con la cadera y muévete más rápido
no tienes el privilegio de descansar
en un país que quiere escupirte
tienes que continuar
seguir y seguir
y seguir
hasta que llegues al agua
da todo lo que esté a tu nombre
a cambio de un pasaje para la lancha
al lado de cientos como tú
apelotonados como sardinas
dile a la mujer que está a tu lado
este barco no es lo bastante fuerte como para llevar
esta pena tan grande a la orilla
qué más da eso responde
si hundirse es más fácil que quedarse
a cuánta gente se ha bebido esta agua
es todo un gran cementerio
cuerpos enterrados sin un país
puede que el mar sea tu país
puede que la lancha se hunda
porque es el único lugar que te acogerá

– *lancha*

y si llegamos a sus puertas
y nos las cierran en la cara pregunto

qué son las puertas dice
cuando hemos escapado del estómago de la bestia

las fronteras
están hechas por el hombre
sólo nos dividen físicamente
no dejes que nos pongan
en contra

– no somos enemigos

después de la operación
me dice
lo raro que es
que le hayan quitado
la primera casa de sus hijos

– histerectomía febrero 2016

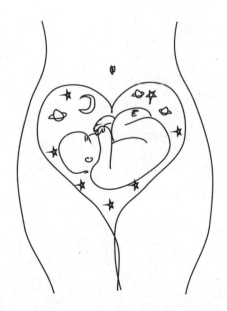

las bombas han puesto de rodillas
a ciudades enteras hoy
los refugiados se han embarcado sabiendo
que era posible que sus pies no volvieran a tocar tierra de
    nuevo
la policía ha disparado a la gente por el color de su piel
el mes pasado visité un orfanato de
bebés abandonados en la acera como si fueran basura
más tarde en el hospital vi a una madre
perder a su hijo y también la cabeza
en algún sitio un amante murió
cómo puedo negarme a creer
que mi vida es cualquier cosa menos un milagro
si en medio de todo este caos
se me dio esta vida

– *circunstancias*

puede que todos seamos inmigrantes
cambiando una casa por otra
primero dejamos el útero por el aire
después los suburbios por una ciudad mugrienta
buscando una vida mejor
resulta que algunos de nosotros dejamos países enteros

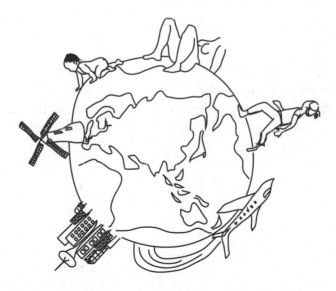

mi dios
no espera dentro de una iglesia
ni se sienta en lo alto de la escalera del templo
mi dios
es el aliento de la refugiada mientras corre
vive en el estómago hambriento de un niño
es el latido de la protesta
mi dios
no descansa entre páginas
escritas por hombres sagrados
mi dios
vive entre los muslos sudorosos
de los cuerpos de las mujeres vendidos por dinero
fue visto por última vez lavando los pies del indigente sin
    techo
mi dios
no es tan inalcanzable como
ellos querrían que pensaras
mi dios late dentro de nosotros de manera infinita

**consejos que le habría dado
a mi madre el día de su boda**

1. puedes decir *no*

2. hace años el padre de tu marido
   lo despojó a golpes del idioma del amor
   nunca sabrá cómo se pronuncia
   pero sus actos demuestran que te quiere

3. ve con él
   cuando entre en tu cuerpo y vaya a ese sitio
   el sexo no es sucio

4. no importa cuántas veces saque el tema su familia
   no abortes sólo porque yo sea niña
   encierra a sus familiares y trágate la llave
   él no te odiará

5. toma tus diarios y tus pinturas
   cuando te vayas y cruces el océano
   ellos te recordarán quién eres
   cuando te pierdas en medio de ciudades nuevas
   también les recordarán a tus hijos
   que tuviste una vida antes de ellos

6. cuando sus maridos estén fuera
   trabajando en las fábricas
   háganse amigas las unas de las otras
   mujeres solas del bloque de pisos

esa soledad partirá a una persona por la mitad
se necesitarán para sobrevivir

7. tu marido y tus hijos comerán de tu plato
   te mataremos de hambre emocional y mentalmente
   todo eso está mal
   no nos dejes convencerte de
   que sacrificarte a ti misma es
   el modo que tienes de mostrar amor

8. cuando muera tu madre
   toma el avión de vuelta para el funeral
   el dinero va y viene
   madre sólo hay una

9. puedes gastar
   un par de dólares en un café
   sé que hubo un tiempo en
   el que no podíamos permitírnoslo
   pero ahora sí. respira.

10. no puedes hablar inglés con fluidez
    ni utilizar una computadora o un teléfono
    nosotros te hicimos eso. no es tu culpa.
    no eres menos que las
    otras mujeres con sus
    teléfonos modernos y su ropa de marca
    te confinamos a las cuatro paredes de esta casa
    a trabajar como una esclava
    no te has pertenecido desde hace décadas

11. no había un manual sobre cómo
    ser la primera mujer de tu estirpe
    en criar tú sola a una familia en una tierra extraña

12. eres la persona a quien más admiro

13. cuando estoy a punto de romperme
    pienso en tu fuerza
    y me hago más fuerte

14. creo que eres una maga

15. quiero llenar el resto de tu vida de calma

16. eres la heroína de las heroínas
    la diosa de las diosas

en un sueño
vi a mi madre
con el amor de su vida
y sin hijos
es la vez que más feliz la he visto

– y si

hiciste el mundo
pedazos y
los llamaste países
te declaraste dueño de
lo que nunca había sido tuyo
y dejaste a los demás sin nada

– colonizar

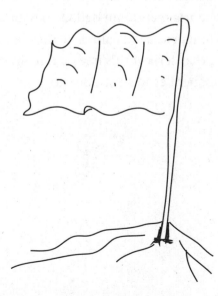

mis padres nunca se sentaron con nosotros por las tardes para contar historias de su juventud. uno siempre estaba trabajando. la otra demasiado cansada. puede que sea lo que te provoque ser inmigrante.

la fría tierra del norte los devoró. sus cuerpos trabajaban duro lo pagaban con sangre y sudaban por su ciudadanía. puede que el peso del mundo nuevo fuera demasiado. y fuese mejor no desenterrar la pena y el dolor del antiguo.

pero ojalá lo hubiera desenterrado. ojalá hubiera abierto su silencio como un sobre cerrado. ojalá hubiera encontrado una pequeña abertura en el mismo borde. habría metido un dedo y lo habría abierto con cuidado. tenían una vida antes de mí a la cual soy ajena. mi mayor pesar sería verlos irse de este mundo antes incluso de haber llegado a conocerlos.

mi voz
es el fruto
de la colisión de dos países
qué tiene de vergonzoso
si el inglés
y mi lengua materna
hicieron el amor
mi voz
son las palabras de su padre
y el acento de su madre
qué más da si
mi boca lleva dos mundos

– *acento*

durante años estuvieron separados por océanos
se fueron sin otro recuerdo que una fotografía de cada
    uno
más pequeña que las del pasaporte
la de ella dentro de un medallón dorado
la de él escondida dentro de la cartera
al final del día
cuando sus mundos se silenciaban
estudiarlas era su único momento de intimidad

eso fue mucho antes de las computadoras
cuando las familias de esa parte del mundo
no habían visto un teléfono ni habían posado sus
ojos almendrados en una pantalla de televisión en color
mucho antes de ti y de mí

mientras las ruedas del avión tocaban la pista
ella se preguntó si aquél era el sitio
si había embarcado en el vuelo correcto
debería haber preguntado dos veces a la azafata
como le había sugerido su marido

mientras se dirigía a la zona de recogida de equipaje
le latía el corazón tan fuerte
que pensó que se le iba a salir
los ojos miraban en todas direcciones
buscando qué hacer después cuando
de repente
justo allí

en carne y hueso
estaba él
no era un espejismo —un hombre
primero fue el alivio

después el desconcierto
habían imaginado ese momento durante años
habían ensayado las frases
pero parecía que su boca las había olvidado
sintió una punzada en el estómago
cuando vio las sombras alrededor de sus ojos
y el peso invisible de los hombros
parecía como si se le hubiera consumido la vida

dónde estaba la persona con la que se había casado
se preguntó
mientras buscaba el medallón dorado
aquel con la foto del hombre
al que su marido ya no se parecía

– el nuevo mundo lo había consumido

y si
no hay tiempo suficiente
para darle lo que merece
crees que
si suplico con fuerza al cielo
el alma de mi madre
volvería a mí como mi hija
para que así pueda darle
el bienestar que me dio
toda mi vida

quiero volver atrás en el tiempo y sentarme a su lado.
grabarla en una película casera para que mis ojos puedan
pasar el resto de su vida siendo testigos de un milagro.
aquella en cuya vida nunca pienso antes de la mía.
quiero saber de qué se reía con sus amigas. en el pueblo
de casas de barro y ladrillo. rodeadas de hectáreas de
plantas de mostaza y caña de azúcar. quiero sentarme
con la versión adolescente de mi madre. preguntarle
sobre sus sueños. convertirme en su trenza. el lápiz de
ojos negro que acaricia sus párpados. la harina
cuidadosamente concentrada en las puntas de sus dedos.
una página de sus libros del colegio. incluso ser un solo
hilo de su vestido de algodón sería el mejor regalo.

– ser testigo de un milagro

1790
le quita la niña recién nacida a su mujer
se la lleva a la habitación de al lado
mece su cabeza con la mano izquierda
y con cuidado le parte el cuello con la derecha

1890
una toalla mojada con la que envolverla
granos de arroz y
arena en la nariz
una madre comparte el truco con su nuera
tengo que hacerlo dice
como hizo mi madre
y su madre antes que ella

1990
un artículo del periódico dice
se han encontrado cien niñas recién nacidas enterradas
detrás de la casa de un doctor en un pueblo vecino
la mujer se pregunta si ahí es donde la llevó
se imagina a su hija convertida en la tierra
que fertiliza las raíces que alimentan este país

1998
a océanos de distancia en un sótano de toronto
un doctor lleva a cabo un aborto ilegal
a una mujer india que ya tiene una hija
una ya es carga suficiente dice

2006
es más fácil de lo que crees le dicen mis tías a mi madre
conocen a una familia
que lo ha hecho tres veces
conocen una clínica. podrían darle a mamá el número.
el doctor incluso prescribe pastillas que garantizan un niño.
funcionaron para la mujer que vive bajando la calle dicen
ahora tiene tres hijos

2012
doce hospitales en la zona de toronto
se niegan a revelar el género del bebé a las parejas que
      esperan un hijo
hasta la trigésima semana de embarazo
los doce hospitales se encuentran en barrios con una alta
      tasa
de población inmigrante del sur de asia

– *infanticidio femenino | feticidio femenino*

recuerda el cuerpo
de tu comunidad
aspira a la gente
que te completó
eres tú quien se ha hecho a sí misma
pero aquellos que te preceden
son parte de tu tejido

– honra tus raíces

cuando me enterraron viva
escarbé
para salir
con las palmas y los puños
aullé tan alto
que la tierra se alzó de terror y
el barro comenzó a levitar
toda mi vida ha sido un levantamiento
un entierro tras otro

– encontraré mi salida de ti sin problema

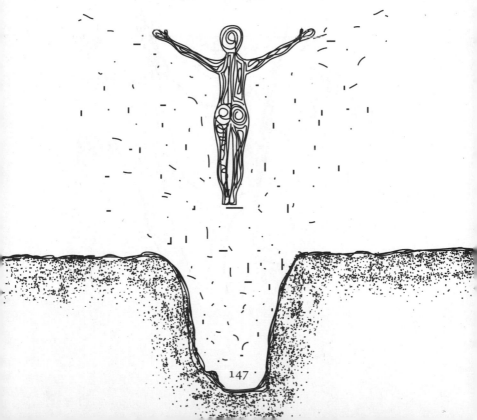

mi madre sacrificó sus sueños
para que yo pudiera soñar

inglés chapurreado

pienso en el modo en que mi padre
sacó de la pobreza a su familia
sin saber qué era una vocal
y cómo mi madre crio a cuatro hijos
sin ser capaz de construir
una oración perfecta en inglés
una pareja desconcertada
que aterrizó en el nuevo mundo con esperanzas
que dejaron el amargo sabor del rechazo en sus bocas
sin familia
sin amigos
sólo hombre y mujer
dos diplomas universitarios que no significaban nada
una lengua materna que ahora estaba rota
un vientre hinchado con un bebé dentro
un padre preocupado por trabajos y por el alquiler
porque había un bebé en camino
y se preguntaron durante una fracción de segundo
mereció la pena invertir todo nuestro dinero
en el sueño de un país
que nos engulle

papá mira a los ojos de su mujer
y ve la soledad anclada donde antes estaba el iris
quiere darle un hogar en un país que la mira
con la palabra *visitante* enrollada en la lengua
en el día de su boda

dejó un pueblo entero para convertirse en su mujer
después dejó un país entero para ser una guerrera
y cuando llegó el invierno
no tenían más que el calor de sus propios cuerpos
para protegerse del frío

como dos paréntesis se pusieron frente a frente
para abrazar sus partes más queridas —sus hijos— con
    fuerza
convirtieron una maleta llena de ropa en una vida
y sueldos regulares
para asegurarse de que los hijos de inmigrantes
no los odiaran por ser hijos de inmigrantes
trabajaron demasiado duro
puedes verlo en sus manos
sus ojos suplican dormir
pero nuestras bocas suplicaban comida
y eso es lo más artístico que he visto
es poesía para estos oídos
que nunca han escuchado cómo suena la pasión
y mi boca se llena de *mmm* y *ah* cuando
miro su obra maestra
porque no hay palabras en inglés
que puedan expresar ese tipo de belleza
no puedo comprimir su existencia en veintiséis letras
y decir que es una descripción
lo intenté una vez
pero los adjetivos que necesitaba para describirlos
ni siquiera existen
así que en vez de eso rellené hojas y hojas
de palabras seguidas de comas y

más palabras y más comas
sólo para darme cuenta de que hay algunas cosas
en el mundo tan infinitas
que nunca podrían llevar un punto final

así que cómo te atreves a burlarte de tu madre
cuando abre la boca y
chapurrea el inglés
no te avergüences del hecho de
que atravesara países para llegar aquí
para que tú no tuvieras que cruzar una orilla
su acento es fuerte como la miel
agárralo con tu vida
es lo único que le queda de su tierra
no pisotees esa riqueza
en vez de eso cuélgala en las paredes de los museos
al lado de dalí y van gogh
su vida es brillante y trágica
bésale la suave mejilla
ya sabe lo que se siente
al tener una nación entera riéndose cuando ella habla
ella es más que nuestra puntuación y nuestro idioma
nosotros podemos pintar cuadros y escribir historias
pero ella construyó un mundo entero

qué te parece eso como arte

levantarse

el primer día de amor
me envolviste en la palabra *especial*

tú también debes recordarlo
cómo el resto de la ciudad dormía
mientras nos quedábamos despiertos por primera vez
no nos habíamos tocado todavía
pero conseguimos entrar y salir
de cada uno con nuestras palabras
nuestras extremidades mareadas con la suficiente
   electricidad
como para formar medio sol
no bebimos nada aquella noche
pero me intoxiqué
llegué a casa y me pregunté
somos almas gemelas

siento inquietud
porque enamorarme de ti
significa desenamorarme de él y
no me había preparado para eso

– hacia delante

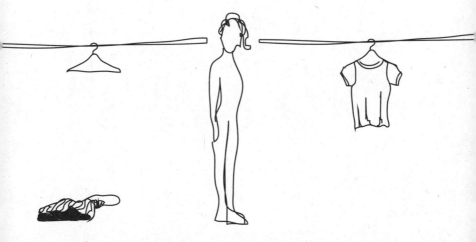

cómo doy la bienvenida a la bondad
cuando lo único que he practicado
ha sido abrirme de piernas al terror
qué voy a hacer contigo
si mi idea del amor es la violencia
pero tú eres dulce
si tu concepto de la pasión es el contacto visual
pero el mío es la rabia
cómo puedo decir que esto es intimidad
si anhelo los bordes afilados
pero tus bordes no son ni siquiera bordes
son aterrizajes suaves
cómo me enseño a mí misma
a aceptar un amor sano
si lo único que he conocido es el dolor

daré la bienvenida
a una pareja
que sea mi igual

nunca te sientas culpable por empezar de nuevo

el camino intermedio es extraño
lo que hay entre ellos y los que vendrán
descubre el cambio de cómo veías
a cómo verás
ahí es donde sus encantos desaparecen
donde ya no son
los dioses en que los convertiste
cuando ya no les sirve el pedestal
que esculpiste con tus huesos y dientes
les ha caído la máscara y vuelven a ser mortales

– el camino intermedio

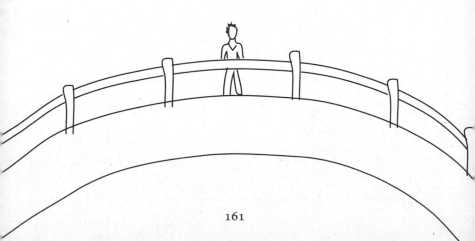

cuando empiezas a amar a alguien nuevo
te ríes de la indecisión del amor
acuérdate de cuando estabas segura
de que el último era *el único*
y ahora mírate
redefiniendo *el único* una vez más

– *un nuevo amor es un regalo*

no necesito esa clase de amor
que me desgasta
quiero a alguien
que me dé energía

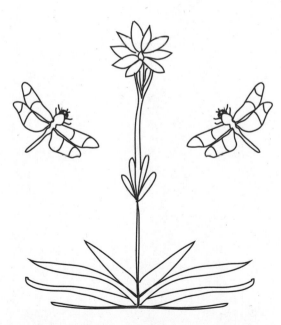

estoy intentando no
hacerte pagar por sus errores
estoy intentando aprender
que no eres responsable
de la herida
cómo puedo castigarte
por lo que no has hecho
llevas mis sentimientos
como un chaleco condecorado del ejército
no eres frío ni
salvaje ni ansioso
eres medicinal
no eres ellos

se asegura de mirarme con atención
mientras pone sus dedos eléctricos en mi piel
qué se siente pregunta
demandando mi atención
responder está fuera de lugar
tiemblo de emoción
excitada y aterrorizada por lo que viene después
sonríe
sabe que a eso se parece la satisfacción
soy la centralita
él es el circuito
mis caderas se mueven con las suyas —rítmico
mi voz no se parece a la mía cuando gimo —es música
como los dedos sobre la cuerda de un violín
provoca suficiente electricidad en mí como para
    iluminar una ciudad
cuando terminamos lo miro con atención
y le digo
ha sido mágico

cuando entré en la cafetería y te vi. mi cuerpo no reaccionó como la primera vez. esperaba que mi corazón me abandonara. que mis piernas se quedaran paralizadas. caerme al suelo llorando al verte. no pasó nada. no hubo conexión ni movimiento alguno dentro de mí cuando nos miramos a los ojos. parecías un tipo normal con tu ropa normal y tu café normal. nada profundo. no reconozco mis méritos. mi cuerpo debe de haberte borrado hace tiempo. debe de haberse cansado de que me comportara como si hubiera perdido lo mejor que me ha ocurrido. y haber escurrido las inseguridades mientras yo estaba ocupada revolcándome en la pena. ese día no llevaba maquillaje. mi pelo era un desastre. llevaba la camiseta vieja de mi hermano y unos pantalones de pijama. y aun así me sentía como una sirena reluciente. una ninfa. bailé un poco en el coche mientras conducía de vuelta a casa. aunque estuviéramos bajo el mismo techo de aquella cafetería. yo seguía a sistemas solares de distancia de ti.

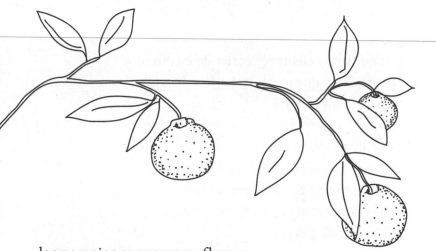

los naranjos se negaron a florecer
si no florecíamos antes nosotros
cuando nos conocimos
lloraron mandarinas
no te das cuenta
de que la tierra llevaba esperando esto toda la vida

– celebración

por qué estoy siempre corriendo en círculos
entre querer que me quieras
y cuando me quieres
decidir que para mí
es un desnudo emocional demasiado grande
por qué hago que quererme sea tan difícil
como si nunca debieras ser testigo
de los fantasmas que hay bajo mi pecho
solía ser más abierta
cuando se trataba de temas como éste mi amor

– *ojalá nos hubiéramos conocido cuando estaba dispuesta*

no podía contenerme más tiempo
corrí hacia el océano
en mitad de la noche
y le confesé al agua mi amor por ti
al terminar de contárselo
la sal de su cuerpo se había convertido en azúcar

(poema a *sohni mahiwal,* de sobha singh)

digo *puede que esto sea un error. puede que necesitemos más que amor para que esto funcione.*

colocas tus labios en los míos. cuando nuestras caras vibran con el éxtasis del beso dices *dime que esto no está bien.* y por mucho que me gustaría pensar con la cabeza. mi corazón acelerado es todo lo que tiene sentido. ahí. justo ahí está la respuesta que estás buscando. en la pérdida de aliento. la falta de palabras. mi silencio. mi incapacidad de hablar significa que has llenado mi estómago de tantas mariposas que aunque esto sea un error. sólo podría estar bien equivocarse si es contigo.

un
hombre
que llora

– un regalo

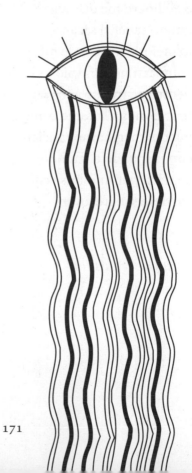

si voy a compartir mi vida con una pareja
sería absurdo no preguntarme
dentro de veinte años
va a ser esta persona
alguien con quien seguiré riéndome
o sólo estoy distraída por su encanto
nos veo evolucionando en
alguien nuevo dentro de una década
o el crecimiento se detendrá
no quiero que la apariencia
o el dinero me distraigan
quiero saber si sacan
lo mejor o lo peor de mí
compartimos los valores en lo más profundo
dentro de treinta años seguiremos
tirándonos a la cama como a los veinte
puedo imaginarnos ancianos
conquistando el mundo
como si por nuestras venas
corriera sangre joven

– lista de requisitos

qué te pasa con los girasoles pregunta

señalo el campo de amarillos que hay fuera
los girasoles adoran el sol le digo
sólo cuando llega se levantan
cuando el sol se marcha
inclinan la cabeza en señal de duelo
eso es lo que el sol les hace a esas flores
eso es lo que me haces tú a mí

– el sol y sus flores

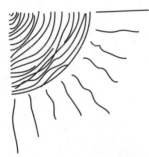

a veces
me controlo para
no decir las palabras en voz alta
como si pronunciarlas de vez en cuando
pudiera desgastarlas

– te quiero

las conversaciones más importantes
que tendremos serán con nuestros dedos
cuando los tuyos rocen nerviosos los míos
por primera vez durante la cena
se apretarán con miedo
cuando me pidas quedar de nuevo la siguiente semana
pero en cuanto te diga que sí
se relajarán
cuando se alcancen los unos a los otros
mientras estemos bajo las sábanas
los dos fingiremos
que no nos tiemblan las rodillas
cuando me enoje
se contraerán con cada grito amargo
pero cuando tiemblen por el perdón
verás a qué se parecen las disculpas
y cuando uno de nosotros se esté muriendo
en la cama de un hospital a los ochenta y cinco años
tus dedos se agarrarán a los míos
para decir todo aquello que las palabras no pueden
    describir

– dedos

esta mañana
les he contado a las flores
lo que haría por ti
y han florecido

no hay ningún lugar
en el que yo termine y tú comiences
cuando tu cuerpo
está en mi cuerpo
somos una única persona

– *sexo*

si tuviera que caminar para alcanzarte
me llevaría ochocientas veintiséis horas
en los días malos pienso en ello
qué haría si llegara el apocalipsis
y los aviones dejaran de volar
hay tanto tiempo para pensar
tanto vacío queriendo ser consumido
y nada de intimidad para consumirlo
es como si estuviera atrapada en una estación de tren
esperando y esperando y esperando
al único que lleva tu nombre
cuando la luna sale en esta costa
y el sol sigue ardiendo sin pudor en la tuya
me derrumbo al saber que hasta nuestros cielos son
    distintos
llevamos juntos tanto tiempo
pero hemos estado realmente juntos si
tu tacto no me ha abrazado lo suficiente
como para imprimirse en mi piel
hago un gran esfuerzo para seguir aquí
pero sin ti
lo mejor
sólo es mediocre

– *larga distancia*

estoy
hecha de agua
claro que soy sensible

deberían sentirse como en casa
en el lugar sobre el que se construye tu vida
donde vas a tomarte el día libre

– *el único*

la luna es responsable
de sacar las olas
del agua en calma
cariño
yo soy el agua en calma
y tú eres la luna

el indicado no
se interpone en tu camino
te cede espacio
para que sigas adelante

cuando estás
lleno
y yo estoy
llena
somos dos soles

tu voz me hace
lo que el otoño les hace a los árboles
llamas para saludarme
y mi ropa cae de forma natural

juntos somos una conversación interminable

cuando la muerte
me tome de la mano
te tomaré con la otra
y prometeré encontrarte
en cada vida

– *compromiso*

fue como si
alguien hubiera deslizado cubitos de hielo
por la espalda de mi camisa

– *orgasmo*

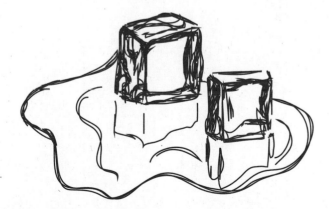

has
estado
dentro de mí
antes

– otra vida

dios debe de habernos hecho a los dos
con la misma masa
debe de habernos extendido a la vez en la bandeja del
    horno
debe de haberse dado cuenta de repente
de lo injusto que era
poner tanta magia en una sola persona
y con tristeza debe de haber separado la masa en dos
de qué otra manera podría entenderse
que cuando me miro en el espejo
te veo a ti
cuando respiras
mis pulmones se llenan de aire
que cuando nos vimos por primera vez
nos pareció que nos conocíamos de toda la vida
si no fuera porque desde el principio fuimos uno

– *nuestras almas son espejos*

ser
dos piernas
en un cuerpo

– *una relación*

debes de tener un
panal de miel
por corazón
cómo podría
un hombre si no
ser así de dulce

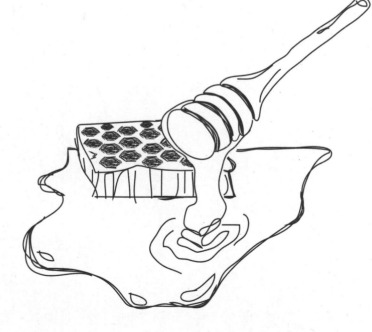

si fueras aún más bonita
el sol dejaría su sitio
e iría por ti

– la carrera

ha sido uno de los mejores y más complicados años de mi vida. he aprendido que todo es temporal. momentos. sentimientos. personas. flores. he aprendido que el amor consiste en dar. todo. y dejar que duela. he aprendido que la vulnerabilidad es siempre la elección correcta porque es fácil ser frío en un mundo que hace que sea muy difícil ser tierno. he aprendido que todas las cosas vienen de dos en dos. vida y muerte. tristeza y alegría. sal y azúcar. tú y yo. es el equilibrio del universo. ha sido un año de sufrir mucho pero vivir bien. de hacerme amiga de extraños. de hacer extraños a amigos. de aprender que el helado de menta con chispas de chocolate lo arregla todo. y para lo que no pueda arreglar siempre estarán los brazos de mi madre. tenemos que aprender a centrarnos en la energía cálida. siempre. empapar los pulmones en ella y convertirnos en los mejores amantes del mundo. porque si no podemos aprender a ser amables entre nosotros cómo vamos a aprender a ser amables con nuestras partes más desesperadas.

florecer

el universo se tomó su tiempo contigo
te creó para ofrecerle al mundo
algo diferente del resto de la gente
cuando dudas de
cómo fuiste creada
dudas de una energía que es más grande que nosotras

– irremplazable

cuando la primera mujer abrió las piernas
para dejar que el primer hombre entrara
qué fue lo que él vio
cuando lo llevó por el pasillo
hasta la habitación sagrada
qué se quedó esperando
qué fue lo que le hizo temblar tanto
que toda la seguridad se rompió
desde ese momento
en el que el primer hombre
miró a la primera mujer
cada noche y cada día
construyó una jaula para capturarla
para que no pudiera pecar más
prendió fuego a sus libros
la llamó bruja
y le gritó puta
hasta que cayó la noche
y sus ojos cansados lo traicionaron
la primera mujer se dio cuenta
mientras él se quedaba dormido sin querer
el murmullo
el repiqueteo
una llamada entre sus piernas
un timbre
una voz
un pálpito
pidiéndole que abriera
y de su mano salió corriendo

por el pasillo
hasta la habitación sagrada
encontró
a dios
la varita del mago
la lengua de la serpiente
sentada en el interior de su sonrisa

– cuando la primera mujer dibujó magia con los dedos

no seguiré
comparando mi camino con los otros

– *me niego a menospreciar mi vida*

soy el resultado de la reunión de todos los antepasados
que decidieron que estas historias merecían ser contadas

muchos lo intentaron
pero fracasaron al agarrarme
soy el fantasma de los fantasmas
en todas partes y en ninguna
soy trucos de magia
dentro de la magia de dentro de la magia
nadie se ha dado cuenta
de que soy un mundo envuelto en mundos
doblada en soles y en lunas
puedes intentarlo pero
no me pondrás esas manos encima

sobre mi nacimiento
mi madre dijo
hay una diosa en ti
puedes sentir cómo baila

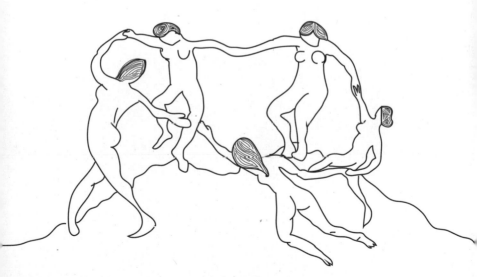

(poema a *la danza*, de matisse)

como padre de tres hijas
habría sido normal
que nos presionara para que nos casáramos
ésa ha sido la historia
de las mujeres en mi cultura durante cientos de años
en vez de ello nos presionó para que estudiáramos
sabía que eso nos haría libres
en un mundo que quería encerrarnos
se aseguró de que aprendiéramos
a caminar sin ayuda

hay demasiadas bocas aquí
pero no todas merecen
lo que les ofreces
entrégate a pocos
y a esos pocos
entrégate entera

– invierte en la gente adecuada

soy de la tierra
y a la tierra volveré una vez más
la vida y la muerte son viejas amigas
y yo soy la conversación que mantienen
soy su charla de última hora
sus risas y sus lágrimas
a qué debo tener miedo
si soy el regalo que se dan la una a la otra
de todas formas este sitio nunca me perteneció
siempre he sido de ambas

odiar
es algo tremendamente fácil
pero amar
requiere una fuerza
que todo el mundo tiene
pero no todos están
dispuestos a poner en práctica

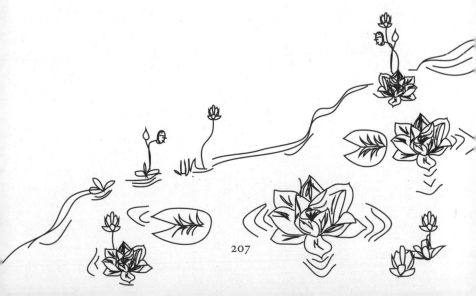

chica morena y preciosa
tu cabello espeso es un abrigo de visón que no todos
    pueden permitirse
chica morena y preciosa
odias la hiperpigmentación
pero tu piel no puede evitar
llevar todo el sol que sea posible
eres un imán de la luz
uniceja —el puente entre dos mundos
vagina —mucho más oscura que el resto de ti
porque intenta esconder una mina de oro
tendrás ojeras demasiado pronto
—aprecia las aureolas
chica morena y preciosa
sacas a dios de sus vientres

mira tu cuerpo
susurra
no hay hogar como tú

– gracias

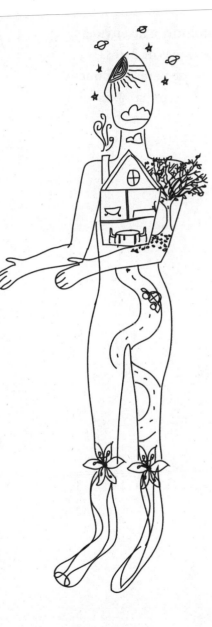

aprender a no envidiar
los dones de otros
a eso se parece la bondad

soy la primera mujer de mi estirpe con libertad de elección. de forjar mi futuro de la manera que yo quiera. de decir lo que me pasa por la mente cuando lo desee. sin el azote del látigo. hay cientos de primeras veces a las que estoy agradecida. que mi madre y su madre y su madre no tuvieron el privilegio de sentir. qué honor. ser la primera mujer de la familia que consigue saborear sus deseos. no es extraño que esté hambrienta de vida. debo comer por generaciones de estómagos. las abuelas deben de estar muriéndose de risa. acurrucadas alrededor de una cocina de barro en el más allá. bebiendo chai con leche hirviendo en vasos. qué brutal debe de ser para ellas ver a una de las suyas vivir con valentía.

(poema a *escena del pueblo*, de sher-gil)

confía en tu cuerpo
él reacciona a lo bueno y a lo malo
mejor que tu cabeza

– te está hablando a ti

me paro
ante los sacrificios
de un millón de mujeres antes de mí
pensando
qué puedo hacer
para que esta montaña sea más alta
para que las mujeres que vengan después de mí
puedan ver más allá

– *legado*

cuando me vaya de este lugar
decora el porche con guirnaldas
igual que lo harías para una boda mi amor
saca a la gente de sus casas
y bailen en las calles
cuando llegue la muerte
como una novia en el altar
despídeme con mi traje más bonito
sirve helado con pétalos de rosas a nuestros invitados
no hay motivo para llorar mi amor
llevo esperando toda mi vida
a una belleza así para
que me deje sin aliento
cuando me vaya
deja que sea una celebración
porque he estado aquí
he vivido
he ganado a este juego llamado vida

– *funeral*

fue cuando dejé de buscar un hogar en los demás
y construí los cimientos de una casa en mí misma
cuando descubrí que no había raíces más íntimas
que aquellas que hay entre la mente y el cuerpo
que han decidido convertirse en uno

qué tan buena soy
si no lleno los platos
de aquellos que me alimentaron
y sí los platos de extraños

– *familia*

aunque hayan estado alejadas
terminarán juntas
no puedes separar a los amantes
no importa cuántas veces
las depile y tire de ellas
mis cejas siempre
encontrarán el camino
de vuelta a la otra

– *uniceja*

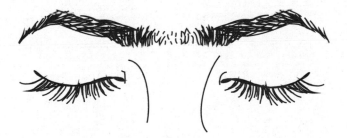

una niña y un anciano se sentaron de frente a una mesa
una taza de leche y de té ante ellos
el anciano preguntó a la niña
si estaba disfrutando de la vida
la niña respondió que sí
que la vida estaba bien pero
no veía la hora de crecer
y hacer cosas de mayores
después la niña le hizo la misma pregunta al anciano
él también dijo que la vida estaba bien
pero que daría lo que fuera por volver a una edad
en la que emocionarse y soñar fuera todavía posible
ambos tomaron un sorbo de sus tazas
pero la leche de la niña se había cuajado
el té del anciano estaba amargo
las lágrimas cayeron de sus ojos

espero que el día que lo tengas todo
recuerdes
cuando no tenías nada

ella no es pornografía
ni el tipo que buscas
los viernes por la noche
ni está desesperada ni es fácil ni es débil

– los problemas de papito no son un chiste

deseo ser un nenúfar

hice un cambio tras otro
en el camino a la perfección
pero cuando por fin me sentí bella
su definición de belleza
cambió de repente

y si no hay una meta
y en un intento de estar a la altura
pierdo los dones con los que nací
a cambio de una belleza tan insegura
con la que no me puedo comprometer

– *las mentiras que venden*

quieres esconder
la sangre y la leche
como si el vientre y el pecho
nunca te hubiesen dado de comer

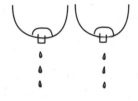

es una industria de billones de dólares que se hundiría
si creyéramos que ya somos suficientemente guapas

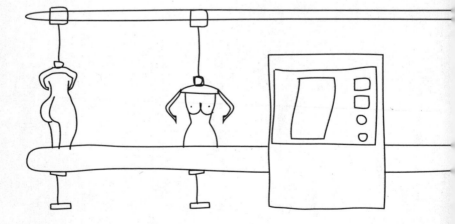

su concepto de belleza
está manufacturado
yo no

– *humana*

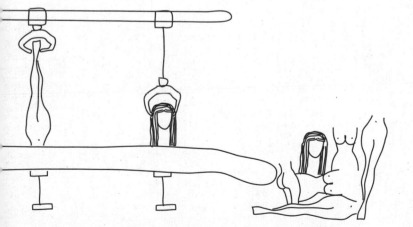

cómo me quito esta envidia
cuando veo que te va tan bien
hermana cómo hago para quererme lo suficiente para
    saber
que tus éxitos no son mis fracasos

– *no somos competidoras*

es un don
ser del color de la tierra
sabes cuántas veces
me confunden las flores con su hogar

necesitamos más amor
no de los hombres
sino el nuestro
y el de las demás

– medicina

eres un espejo
si te matas de hambre de amor
sólo conocerás a gente que también te deje morir de
    hambre
si te empapas de amor
el universo te entregará a aquellos
que también te quieran

– *matemática pura*

la cantidad de ropa
de más
o de menos que lleve
no tiene nada que ver con su libertad

– cubierta | descubierta

hay montañas que crecen
bajo nuestros pies
que no pueden contenerse
todo lo que hemos soportado
nos ha preparado para esto
trae los martillos y los puños
tenemos un techo de cristal que destruir

– *vamos a quitarle el techo a este sitio*

no es la sangre lo que te convierte en mi hermana
es el modo en el que comprendes mi corazón
como si lo llevaras
en tu cuerpo

cuál es la lección más grande que una mujer debería
   aprender

que desde el primer día
ya ha tenido todo lo que necesita dentro de sí misma
es el mundo el que la ha convencido de que no es así

me convencieron
de que sólo me quedaban unos años buenos
antes de que me reemplazaran por una chica más joven
    que yo
como si los hombres ganaran poder con los años
pero las mujeres se convirtieran en algo irrelevante
pueden mantener sus mentiras
porque no he hecho más que empezar
me siento como si acabara de abandonar el vientre
mis veinte años son el calentamiento
de lo que estoy a punto de hacer
espera a verme con treinta
eso será una presentación adecuada
de la sucia. salvaje. mujer que hay en mí.
cómo puedo irme antes de que empiece la fiesta
los ensayos comienzan a los cuarenta
maduro con la edad
no vengo con fecha de caducidad
y ahora
para el acto principal
corran cortinas a los cincuenta
comienza el espectáculo

– *imperecedera*

para curarte
tienes que
llegar a la raíz
de la herida
y besarla todo el camino hasta arriba

nos tiraron a un pozo para terminar con nosotras
y así no tener que hacerlo ellos
nos privaron tanto tiempo de un lugar
que tuvimos que comernos entre nosotras para
    sobrevivir
mira hacia arriba mira hacia arriba mira hacia arriba
para descubrirlos mirándonos hacia abajo
cómo podemos competir entre nosotras
cuando el monstruo real es demasiado grande
como para derrotarlo solas

cuando mi hija viva en mi vientre
le hablaré como
si ya hubiera cambiado el mundo
saldrá de mí en la alfombra roja
completamente equipada con el conocimiento
de que es capaz de
cualquier cosa que se le pase por la cabeza

(poema a *viaje corto y despedida*, de raymond douillet)

ahora
no es momento
de quedarse calladas
o de hacerse un hueco
cuando ni siquiera hay huecos
ahora
es momento
de abrir la boca
de gritar tan alto como necesitemos
para que nos oigan

la representación
es vital
de otro modo la mariposa
rodeada por un grupo de polillas
incapaz de verse a sí misma
seguirá intentando convertirse en polilla

– representación

acepta el cumplido
no huyas de
algo que te pertenece

nuestro trabajo debería preparar
a la siguiente generación de mujeres
para que nos supere en cada campo
ése es el legado que dejamos atrás

– *progreso*

el camino para cambiar el mundo
es interminable

– tómatelo con calma

la necesidad de protegerte pudo conmigo
te quiero demasiado
como para quedarme quieta mientras lloras
mira cómo me levanto para sacarte el veneno con un
    beso
resistiré la tentación
de mis pies cansados
y seguiré caminando
con el mañana en una mano
y un puño en la otra
te llevaré a la libertad

– carta de amor al mundo

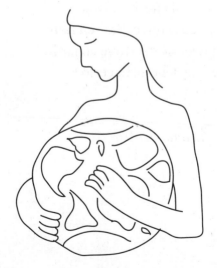

han visto tus ojos alguna vez a una bestia como yo
tengo el tronco de una morera
el cuello de un girasol
algunas veces soy el desierto
y otras la selva tropical
pero siempre la naturaleza
mi vientre se derrama por la cintura de los pantalones
cada mechón de pelo se encrespa como una cuerda
    salvavidas
llevó mucho tiempo convertirse
en una rebelión tan agradable
en aquellos tiempos me negaba a regar mis raíces
hasta que me di cuenta
de que soy la única
que puede ser la tierra salvaje
así que déjame ser la tierra salvaje
el tronco no puede convertirse en rama
la jungla no puede convertirse en jardín
entonces por qué debería hacerlo yo

– *estoy tan llena aquí dentro*

muchos lo intentan
pero no pueden saber la diferencia
entre una margarita y mi piel
ambas son un sol naranja
que ciega a aquellos que no han aprendido a amar la luz

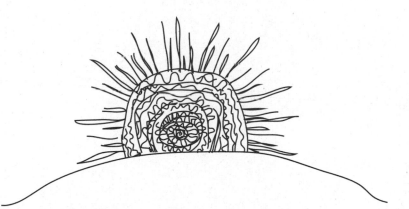

si nunca has
apoyado a los oprimidos
aún hay tiempo

– *rescátalos*

el año ha terminado. he extendido los últimos trescientos sesenta y cinco días ante mí sobre la alfombra de la sala.

aquí está el mes en el que decidí perder todo lo que no estuviera comprometido al cien por cien con mis sueños. el día que me negué a ser víctima de la autocompasión. aquí está la semana que dormí en el jardín. la primavera en la que estrangulé a la inseguridad. que me preocupó tu amabilidad. y descolgué el calendario. la semana que bailé tanto que mi corazón aprendió a flotar sobre el agua. el verano que quité todos los espejos de las paredes. ya no necesitaba sentirme observada. despeiné el agobio de mi pelo.

doblo los días buenos y los coloco en el bolsillo de atrás para mantenerlos a salvo. empaté el partido. incinero lo innecesario. la luz del fuego calienta los dedos de mis pies. me sirvo a mí misma un vaso de agua caliente para limpiarme para enero. allá voy. más fuerte y más sabia a lo que viene.

no queda
nada de lo que
preocuparse
el sol y sus flores están aquí.

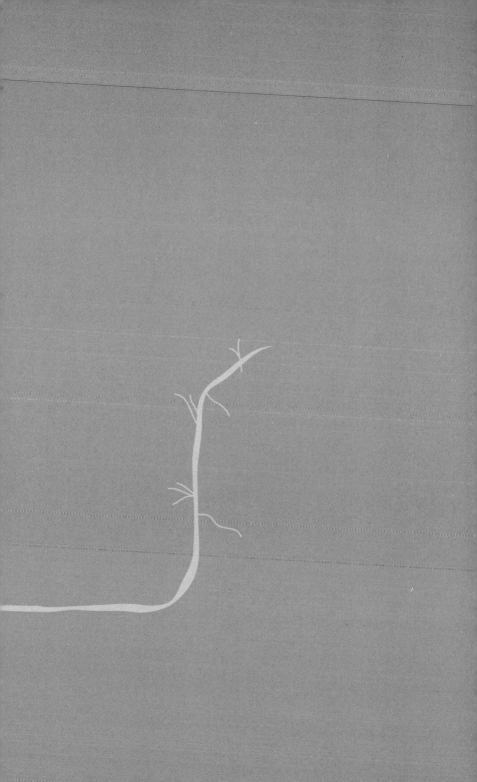

y luego hay días en los que el simple acto de respirar te deja exhausta. en esta vida parece más fácil rendirse. el pensamiento de desaparecer te da paz. durante mucho tiempo estuve perdida en un sitio en el que no había sol. donde no crecían flores. pero de vez en cuando salía de la oscuridad algo que me encantaba y me devolvía de nuevo a la vida. observar una noche estrellada. la alegría de reírse con viejos amigos. una lectora que me dijo que los poemas le habían salvado la vida. sin embargo ahí estaba yo luchando por salvar la mía. queridas mías. vivir es difícil. es difícil para todo el mundo. y es en ese momento en el que vivir es como arrastrarse a través de un agujero del tamaño de un alfiler. que debemos resistir el impulso de sucumbir a los malos recuerdos. negarnos a doblegarnos ante los meses o los años malos. porque nuestros ojos se mueren de ganas de darse un festín en este mundo. hay muchísimas masas de agua turquesas para que nos sumerjamos en ellas. hay familia. de sangre o elegida. la posibilidad de enamorarse. de personas y de sitios. montañas altas como la luna. valles que llevan a mundos nuevos. y viajes por carretera. para mí es muy importante aceptar que no somos las dueñas de este sitio. somos sus invitadas. y como invitadas vamos a disfrutar de este lugar como un jardín. vamos a tratarlo con buena mano. para que así las que vengan después de nosotras puedan experimentarlo también. vamos a encontrar nuestro propio sol. a plantar nuestras propias flores. el universo nos dio la luz y las semillas. puede que a veces no la oigamos pero la música siempre está puesta. sólo necesita que subamos el volumen. porque mientras haya aire en nuestros pulmones tenemos que seguir bailando.

el sol y sus flores es un
poemario sobre
el dolor
cl abandono de uno mismo
la honra a las raíces
el amor
y el empoderamiento
está dividido en cinco capítulos
marchitarse, caer, arraigar, levantarse y florecer

– sobre el libro

índice